La Grande Charte

Anonyme

Writat

Cette édition parue en 2023

ISBN : 9789359251295

Publié par
Writat
email : info@writat.com

Contenu

Le texte de la Magna Carta

JEAN, par la grâce de Dieu Roi d'Angleterre, Seigneur d'Irlande, Duc de Normandie et d'Aquitaine, et Comte d'Anjou, à ses archevêques, évêques, abbés, comtes, barons, juges, forestiers, shérifs, intendants, serviteurs, et à tous ses fonctionnaires et sujets fidèles, Salut.

SACHEZ QUE DEVANT DIEU, pour la santé de notre âme et de celles de nos ancêtres et héritiers, à l' honneur de Dieu, à l'exaltation de la sainte Église, et au meilleur ordre de notre royaume, sur les conseils de nos révérends pères Étienne, archevêque de Canterbury, primat de toute l'Angleterre et cardinal de la sainte Église romaine, Henry archevêque de Dublin, William évêque de Londres, Peter évêque de Winchester, Jocelin évêque de Bath et Glastonbury, Hugh évêque de Lincoln, Walter évêque de Worcester, William évêque de Coventry, Benoît évêque de Rochester, maître Pandulf sous-diacre et membre de la maison papale, frère Aymeric maître de la chevalerie du Temple en Angleterre, William Marshal comte de Pembroke, William comte de Salisbury, William comte de Warren, William comte d'Arundel , Alan de Galloway connétable d'Écosse, Warin Fitz Gerald, Peter Fitz Herbert, Hubert de Burgh sénéchal du Poitou, Hugh de Neville, Matthew Fitz Herbert, Thomas Basset, Alan Basset, Philip Daubeny , Robert de Roppeley , John Marshal, John Fitz Hugh , et d'autres sujets fidèles :

(1) PREMIÈREMENT, QUE NOUS AVONS ACCORDÉ À DIEU, et par cette présente charte, avons confirmé pour nous et nos héritiers à perpétuité, que l'Église anglaise sera libre et aura ses droits intacts et ses libertés intactes. Que nous souhaitions que cela soit observé ainsi, cela ressort du fait que, de notre propre volonté, avant l'éclatement du conflit actuel entre nous et nos barons, nous avons accordé et confirmé par charte la liberté des élections de l'Église - un droit reconnu comme être pour lui de la plus grande nécessité et de la plus grande importance - et a fait confirmer cela par le pape Innocent III. Cette liberté, nous l'observerons nous-mêmes et désirerons qu'elle soit observée de bonne foi par nos héritiers à perpétuité.

À TOUS LES HOMMES LIBRE DE NOTRE ROYAUME, nous avons également accordé, pour nous et nos héritiers pour toujours , toutes les libertés écrites ci-dessous, d'avoir et de conserver pour eux et leurs héritiers, de nous et de nos héritiers :

(2) Si un comte, un baron ou toute autre personne qui détient des terres directement de la Couronne, pour le service militaire, décède et qu'à sa mort, son héritier sera majeur et devra un « soulagement », l'héritier aura son héritage contre paiement de l'ancien barème des « secours ». C'est-à-dire que l'héritier ou les héritiers d'un comte paieront 100 s pour la baronnie entière

du comte, l'héritier ou les héritiers d'un chevalier 100 s. au plus pour la totalité des « honoraires » du chevalier, et tout homme qui doit moins paiera moins, conformément à l'ancien usage des « honoraires »

(3) Mais si l'héritier d'une telle personne est mineur et pupille, lorsqu'il deviendra majeur, il aura son héritage sans « allègement » ni amende.

(4) Le gardien de la terre d'un héritier mineur n'en tirera que des revenus raisonnables, des droits coutumiers et des services féodaux. Il le fera sans destruction ni dommage aux hommes ou aux biens. Si nous avons confié la tutelle du terrain à un shérif ou à toute personne responsable devant nous des revenus, et qu'il commette des destructions ou des dommages, nous exigerons de lui une compensation, et le terrain sera confié à deux hommes dignes et prudents. du même « droit », qui sera responsable des revenus envers nous, ou envers la personne à qui nous les avons attribués. Si nous avons donné ou vendu à quelqu'un la tutelle d'une telle terre, et qu'il cause des destructions ou des dommages, il en perdra la tutelle, et elle sera remise à deux hommes dignes et prudents du même « honoraire », qui soyez également responsable envers nous.

(5) Tant qu'un tuteur aura la tutelle de ces terres, il entretiendra les maisons, parcs, réserves de poissons, étangs, moulins et tout ce qui s'y rapporte, sur les revenus de la terre elle-même. Lorsque l'héritier sera majeur, il lui restituera toute la terre, équipée de charrues et d'outils agricoles selon la saison et les revenus de la terre que peuvent raisonnablement supporter.

(6) Les héritiers peuvent être donnés en mariage, mais pas à une personne de rang social inférieur. Avant qu'un mariage ait lieu, celui-ci doit être porté à la connaissance des plus proches parents de l'héritier.

(7) Au décès de son mari, la veuve peut recevoir immédiatement et sans difficulté sa part de mariage et son héritage. Elle ne paiera rien pour sa dot, ni pour sa part de mariage, ni pour tout héritage qu'elle et son mari détenaient conjointement au jour de son décès. Elle pourra rester dans la maison de son mari pendant quarante jours après la mort de celui-ci, et pendant ce délai, sa dot lui sera attribuée.

(8) Aucune veuve ne sera obligée de se marier aussi longtemps qu'elle souhaite rester sans mari. Mais elle doit garantir qu'elle ne se mariera pas sans le consentement royal, si elle détient ses terres de la couronne, ou sans le consentement de tout autre seigneur dont elle pourrait les détenir.

(9) Ni nous ni nos fonctionnaires ne saisirons de terrain ou de loyer en paiement d'une dette, tant que le débiteur dispose de biens meubles suffisants pour s'acquitter de la dette. Les cautions du débiteur ne peuvent être saisies aussi longtemps que le débiteur peut lui-même s'acquitter de sa dette. Si, faute de moyens, le débiteur ne peut s'acquitter de sa dette, ses

cautions en répondent. S'ils le désirent, ils pourront conserver les terres et les rentes du débiteur jusqu'à ce qu'ils aient reçu satisfaction de la dette qu'ils ont payée pour lui, à moins que le débiteur ne puisse démontrer qu'il a réglé ses obligations envers eux.

(10) Si quelqu'un qui a emprunté une somme d'argent aux Juifs décède avant que la dette n'ait été remboursée, son héritier ne paiera aucun intérêt sur la dette tant qu'il reste mineur, quel que soit le propriétaire de ses terres. Si une telle dette tombe entre les mains de la Couronne, elle ne prendra que la somme principale spécifiée dans le cautionnement.

(11) Si un homme meurt en raison d'une dette envers les Juifs, sa femme peut avoir sa dot et ne rien payer pour la dette qui en découle. S'il laisse des enfants mineurs, leurs besoins peuvent également être pourvus dans une mesure adaptée à l'étendue de son patrimoine. La dette doit être payée sur le reliquat, en réservant le service dû à ses seigneurs féodaux. Les dettes dues à des personnes autres que les Juifs doivent être traitées de la même manière.

(12) Aucun « scutage » ou « aide » ne peut être levé dans notre royaume sans son consentement général, à moins que ce ne soit pour la rançon de notre personne, pour faire de notre fils aîné un chevalier et (une fois) pour épouser notre fille aînée. À ces fins, seule une « aide » raisonnable peut être perçue. Les « aides » de la ville de Londres doivent être traitées de la même manière.

(13) La ville de Londres jouira de toutes ses anciennes libertés et de ses libres coutumes, tant sur terre que sur eau. Nous voulons et accordons également que toutes les autres villes, bourgs, villages et ports jouissent de toutes leurs libertés et de leurs douanes libres.

(14) Pour obtenir l'assentiment général du royaume pour l'évaluation d'une « aide » - sauf dans les trois cas précisés ci-dessus - ou d'un « scutage », nous ferons en sorte que les archevêques, évêques, abbés, comtes et grands barons être convoqué individuellement par lettre. À ceux qui détiennent des terres directement de nous, nous ferons émettre une convocation générale, par l'intermédiaire des shérifs et autres fonctionnaires, pour se réunir à un jour fixe (avec un préavis d'au moins quarante jours) et à un lieu fixe. Dans toutes les lettres de convocation, le motif de la convocation sera indiqué. Lorsqu'une convocation a été émise, les affaires fixées pour la journée se déroulent conformément à la résolution des personnes présentes, même si tous ceux qui ont été convoqués ne se sont pas présentés.

(15) Nous ne permettrons plus à personne de lever une « aide » auprès de ses hommes libres, sauf pour racheter sa personne, pour faire de son fils aîné un chevalier et (une fois) pour épouser sa fille aînée. À ces fins, seule une « aide » raisonnable peut être perçue.

(16) Nul ne sera obligé d'accomplir plus de services pour les « honoraires » d'un chevalier, ou toute autre propriété gratuite de terre, que ce qui en est dû.

(17) Les procès ordinaires ne suivront pas la cour royale, mais auront lieu dans un lieu fixe.

(18) Les enquêtes sur la disseisin roman, la mort d'ancêtre et la présentation du darrein doivent être menées uniquement devant le tribunal de comté compétent. Nous-mêmes, ou en notre absence à l'étranger notre juge en chef, enverrons deux juges dans chaque comté quatre fois par an, et ces juges, avec quatre chevaliers du comté élus par le comté lui-même, tiendront les assises au tribunal du comté, le le jour et au lieu où le tribunal se réunit.

(19) Si des assises ne peuvent être prises le jour du tribunal de comté, il restera ensuite en arrière autant de chevaliers et de francs-tenanciers, parmi ceux qui ont assisté au tribunal, qu'il en suffira pour l'administration de la justice, eu égard au volume des assises. affaire à faire.

(20) Pour un délit mineur, un homme libre ne sera condamné à une amende que proportionnellement au degré de son délit, et pour un délit grave en conséquence, mais pas au point de le priver de ses moyens de subsistance. De même, un marchand sera épargné de ses marchandises, et un laboureur de ses instruments de culture, s'ils tombent à la merci d'une cour royale. Aucune de ces amendes ne sera imposée que par l'évaluation sous serment d'hommes réputés du quartier .

(21) Les comtes et les barons ne seront condamnés à une amende que par leurs égaux et proportionnellement à la gravité de leur infraction.

(22) Une amende imposée sur les biens laïcs d'un clerc des ordres sacrés sera évaluée selon les mêmes principes, sans référence à la valeur de son bénéfice ecclésiastique.

(23) Aucune ville ou personne ne sera obligée de construire des ponts sur les rivières, sauf celles qui ont une ancienne obligation de le faire.

(24) Aucun shérif, constable, coroner ou autre fonctionnaire royal ne doit intenter des poursuites qui devraient être intentées par les juges royaux.

(25) Chaque comté, cent, wapentake et dîme restera à son ancien loyer, sans augmentation, à l'exception des manoirs du domaine royal.

(26) Si, au décès d'un homme qui détient un « honoraire » laïc de la Couronne, un shérif ou un fonctionnaire royal produit des lettres patentes royales d'assignation pour une dette due à la Couronne, il leur sera licite de saisir et d'énumérer les biens meubles trouvés dans les « honoraires » laïcs du

défunt à la valeur de la dette, telle qu'évaluée par des hommes dignes. Rien ne sera enlevé jusqu'à ce que la totalité de la dette soit payée, lorsque le reste sera remis aux exécuteurs testamentaires pour exécuter le testament du mort. Si aucune dette n'est due à la Couronne, tous les biens meubles seront considérés comme la propriété du défunt, à l'exception des parts raisonnables de sa femme et de ses enfants.

(27) Si un homme libre décède intestat, ses biens meubles seront distribués par ses plus proches parents et amis, sous le contrôle de l'Église. Les droits de ses débiteurs doivent être préservés.

(28) Aucun connétable ou autre fonctionnaire royal ne peut prendre du maïs ou d'autres biens meubles à quiconque sans paiement immédiat, à moins que le vendeur n'offre volontairement un report de celui-ci.

(29) Aucun connétable ne peut obliger un chevalier à payer de l'argent pour la garde du château si le chevalier est prêt à assurer la garde en personne, ou s'il a une excuse raisonnable pour fournir une autre personne apte à le faire. Un chevalier pris ou envoyé au service militaire sera dispensé de la garde du château pendant la durée de ce service.

(30) Aucun shérif, fonctionnaire royal ou autre personne ne peut prendre des chevaux ou des charrettes pour le transport auprès d'un homme libre, sans son consentement.

(31) Ni nous ni aucun fonctionnaire royal ne prendrons de bois pour notre château, ou pour tout autre usage, sans le consentement du propriétaire.

(32) Nous ne garderons pas entre nos mains les terres des personnes condamnées pour crime pendant plus d'un an et un jour, après quoi elles seront restituées aux seigneurs des 'fees' concernés.

(33) Tous les barrages à poissons seront retirés de la Tamise, de la Medway et dans toute l'Angleterre, sauf sur la côte maritime.

(34) L'ordonnance appelée précipe ne sera plus délivrée à quiconque concernant une propriété foncière, si un homme libre pouvait ainsi être privé du droit d'être jugé devant le tribunal de son propre seigneur.

(35) Il y aura des mesures standard de vin, de bière et de maïs (le quartier de Londres), dans tout le royaume. Il y aura également une largeur standard de tissu teint, roux et haberject , à savoir deux aunes à l'intérieur des lisières. Les poids doivent être standardisés de la même manière.

(36) À l'avenir, rien ne sera payé ou accepté pour la délivrance d'une ordonnance d'inquisition de vie ou de membres. Il sera donné gratuitement et non refusé.

(37) Si un homme détient des terres de la Couronne par « fief », « socage » ou « burgage », et qu'il possède également les terres de quelqu'un d'autre pour le service d'un chevalier, nous n'aurons pas de tutelle sur son héritier, ni sur le terre qui appartient au « fief » de l'autre personne, en vertu du « fief-ferme », du « socage » ou du « burgage », à moins que le « fief-ferme » ne doive le service du chevalier. Nous n'aurons pas la tutelle de l'héritier d'un homme, ni des terres qu'il détient de quelqu'un d'autre, en raison de tout petit bien qu'il peut détenir de la Couronne pour un service de couteaux, de flèches ou autres.

(38) À l'avenir, aucun fonctionnaire ne pourra juger un homme sur la base de sa propre déclaration non étayée, sans produire de témoins crédibles de sa véracité.

(39) Aucun homme libre ne sera saisi ou emprisonné, ou dépouillé de ses droits ou de ses biens, ou mis hors la loi ou exilé, ou privé de sa position de toute autre manière, et nous ne procéderons pas non plus avec la force contre lui, ni n'enverrons d'autres pour le faire. , sauf par le jugement légitime de ses égaux ou par la loi du pays.

(40) Nous ne vendrons à personne, ni ne nierons ni ne retarderons le droit ou la justice.

(41) Tous les marchands peuvent entrer ou sortir de l'Angleterre indemnes et sans crainte, et peuvent y séjourner ou voyager, par terre ou par eau, à des fins commerciales, libres de toutes exactions illégales, conformément aux coutumes anciennes et légales. Toutefois, cela ne s'applique pas en temps de guerre aux marchands d'un pays en guerre contre nous. Tous ces marchands trouvés dans notre pays au début de la guerre seront détenus sans préjudice à leur personne ou à leurs biens, jusqu'à ce que nous ou notre juge en chef ayons découvert comment nos propres marchands sont traités dans le pays en guerre avec nous. Si nos propres commerçants sont en sécurité , ils le seront également.

(42) Désormais, il sera permis à tout homme de quitter et de revenir dans notre royaume indemne et sans crainte, par terre ou par eau, en nous conservant son allégeance, sauf en temps de guerre, pour une courte période, pour le bien commun. du royaume. Les personnes qui ont été emprisonnées ou mises hors la loi conformément à la loi du pays, les personnes originaires d'un pays en guerre avec nous et les commerçants - qui seront traités comme indiqué ci-dessus - sont exclus de cette disposition.

(43) Si un homme détient des terres en « déshérence » telles que « l' honneur » de Wallingford, Nottingham, Boulogne, Lancaster, ou d'autres « déshérences » en notre main qui sont des baronnies, à sa mort, son héritier ne nous donnera que le « soulagement » et le service qu'il aurait rendu au

baron, si la baronnie avait été entre les mains du baron. Nous organiserons la « déshérence » de la même manière que le baron l'a fait.

(44) Les personnes résidant hors forêt ne seront plus tenues de se présenter devant les juges royaux des forêts pour répondre à des convocations générales, à moins qu'elles ne soient effectivement impliquées dans une procédure ou qu'elles ne se portent garantes d'une personne arrêtée pour un délit forestier.

(45) Nous nommerons comme juges, agents de police, shérifs ou autres fonctionnaires, uniquement des hommes qui connaissent la loi du royaume et sont soucieux de la bien observer.

(46) Tous les barons qui ont fondé des abbayes, et qui en ont pour preuve des chartes de rois anglais ou des tenures anciennes, peuvent en avoir la tutelle lorsqu'il n'y a pas d'abbé, comme cela leur est dû.

(47) Toutes les forêts qui auront été créées sous notre règne seront immédiatement déboisées. Les rives des rivières qui ont été fermées sous notre règne seront traitées de la même manière.

(48) Toutes les mauvaises coutumes relatives aux forêts et aux garennes, aux forestiers, aux garennes, aux shérifs et à leurs serviteurs, ou aux berges des rivières et à leurs gardiens, doivent être immédiatement examinées dans chaque comté par douze chevaliers assermentés du comté, et dans les quarante jours. Selon leur enquête, les mauvaises coutumes doivent être abolies complètement et irrévocablement. Mais nous, ou notre juge en chef si nous ne sommes pas en Angleterre, devons être les premiers informés.

(49) Nous restituerons immédiatement tous les otages et chartes qui nous ont été livrés par les Anglais en garantie de la paix ou de bons et loyaux services. ***voici quelques personnages étranges, pas complètement supprimés

(50) Nous retirerons complètement de leurs fonctions les parents de Gérard de Ath , Peter, Guy, et d'André de Chanceaux , Guy de Cigogne , et à l'avenir ils n'exerceront aucune fonction en Angleterre. Il s'agit d' Engelard de Cigogn , Geoffroy de Martigny et ses frères, Philippe Marc et ses frères, avec Geoffroy son neveu, et tous leurs suivants.

* Dès que la paix sera rétablie, nous expulserons du royaume tous les chevaliers étrangers, les archers, leurs serviteurs et les mercenaires qui sont venus lui nuire avec des chevaux et des armes.

* À tout homme que nous avons privé ou dépossédé de terres, de châteaux, de libertés ou de droits, sans le jugement légitime de ses égaux, nous les restituerons immédiatement. En cas de litige, l'affaire sera résolue par le jugement des vingt-cinq barons mentionnés ci-dessous dans la clause

de paix. Cependant, dans les cas où un homme a été privé ou dépossédé de quelque chose sans le jugement légitime de ses égaux par notre père le roi Henri ou notre frère le roi Richard, et que cet objet reste entre nos mains ou est détenu par d'autres sous notre garantie, nous aurons répit pour la période communément accordée aux croisés, à moins qu'un procès n'ait été intenté, ou qu'une enquête n'ait été faite sur notre ordre, avant que nous prenions la croix comme croisé. A notre retour de la Croisade, ou si nous l'abandonnons, nous rendrons immédiatement justice dans son intégralité.

* Nous aurons un répit similaire pour rendre justice à l' égard des forêts qui doivent être déboisées, ou qui restent des forêts, lorsqu'elles ont été boisées pour la première fois par notre père Henry ou notre frère Richard ; avec la tutelle des terres en fief d'autrui , alors que nous l'avons eu jusqu'ici en vertu d'un fief détenu sur nous pour le service des chevaliers par un tiers ; et avec des abbayes fondées dans le fief d'autrui , dans lesquelles le seigneur du fief prétend posséder un droit. A notre retour de la croisade, ou si nous l'abandonnons, nous rendrons immédiatement justice aux plaintes sur ces questions.

* Nul ne peut être arrêté ou emprisonné à la demande d'une femme pour le décès d'une personne autre que son mari.

* Toutes les amendes qui nous ont été infligées injustement et contre la loi du pays, et toutes les amendes que nous avons exigées injustement, seront entièrement remises ou l'affaire sera tranchée par un jugement majoritaire des vingt-cinq barons mentionnés ci-dessous dans le clause pour assurer la paix avec Stephen, archevêque de Canterbury, s'il peut être présent, et toutes autres personnes qu'il souhaite amener avec lui. Si l'archevêque ne peut être présent, la procédure se poursuivra sans lui, étant entendu que si l'un des vingt-cinq barons a été lui-même impliqué dans un procès similaire, son jugement sera annulé et quelqu'un d'autre sera choisi et assermenté à sa place, comme un substitut pour la seule occasion, par le reste des vingt-cinq.

* Si nous avons privé ou dépossédé des Gallois de terres, de libertés ou de toute autre chose en Angleterre ou au Pays de Galles, sans le jugement légitime de leurs égaux, celles-ci doivent leur être immédiatement restituées. Tout différend sur ce point sera tranché dans les Marches par le jugement d'égaux. La loi anglaise s'appliquera aux propriétés foncières en Angleterre, la loi galloise à celles du Pays de Galles et la loi des Marches à celles des Marches. Les Gallois nous traiteront ainsi que les nôtres de la même manière.

* Dans les cas où un Gallois a été privé ou dépossédé de quoi que ce soit, sans le jugement légitime de ses égaux, par notre père le roi Henry ou notre frère le roi Richard, et que cela reste entre nos mains ou est détenu par d'autres sous notre garantie, nous aurons répit pour la période communément accordée aux croisés, à moins qu'un procès n'ait été intenté,

ou qu'une enquête n'ait été faite sur notre ordre, avant que nous prenions la croix comme croisé. Mais à notre retour de la croisade, ou si nous l'abandonnons, nous rendrons immédiatement justice selon les lois du Pays de Galles et desdites régions.

* Nous rendrons immédiatement le fils de Llywelyn , tous otages gallois, et les chartes qui nous ont été livrées en garantie de la paix.

* En ce qui concerne le retour des sœurs et otages d'Alexandre, roi d'Écosse, ses libertés et ses droits, nous le traiterons de la même manière que nos autres barons d'Angleterre, à moins qu'il ne ressorte des chartes que nous détenons de son père William, ancien roi d'Écosse, qu'il devait être traité autrement. Cette affaire sera résolue par le jugement de ses égaux devant notre tribunal.

* Toutes ces coutumes et libertés que nous avons accordées seront observées dans notre royaume en ce qui concerne nos propres relations avec nos sujets. Que tous les hommes de notre royaume, qu'ils soient clercs ou laïcs, les observent de la même manière dans leurs relations avec leurs propres hommes.

***Des personnages étranges peuvent s'être terminés ici.

PUISQUE NOUS AVONS ACCORDÉ TOUTES CES CHOSES pour Dieu, pour le meilleur ordre de notre royaume et pour apaiser la discorde qui s'est élevée entre nous et nos barons, et puisque nous désirons qu'on en jouisse dans leur intégralité, avec une force durable, car toujours , nous donnons et accordons aux barons les garanties suivantes :

* Les barons éliront vingt-cinq d'entre eux pour garder et faire observer de toutes leurs forces la paix et les libertés qui leur sont accordées et confirmées par la présente charte.

* Si nous, notre juge en chef, nos fonctionnaires ou l'un de nos serviteurs, offensons à quelque égard que ce soit contre qui que ce soit, ou transgressons l'un des articles de la paix ou de cette sécurité, et que l'infraction soit portée à la connaissance de quatre desdits vingt -cinq barons, ils viendront à nous - ou en notre absence du royaume au juge en chef - pour le déclarer et réclamer réparation immédiate. Si nous, ou en notre absence à l'étranger le juge en chef, ne faisons aucune réparation dans les quarante jours, à compter du jour où le délit nous a été déclaré ou lui a été déclaré, les quatre barons renverront l'affaire au reste des vingt-cinq barons, qui peuvent nous saisir et nous assaillir de toutes les manières possibles, avec le soutien de toute la communauté du pays, en s'emparant de nos châteaux, terres, possessions, ou de toute autre chose, sauf notre propre personne et celle de la reine et de nos enfants. , jusqu'à ce qu'ils aient obtenu la réparation qu'ils ont déterminée.

Après avoir obtenu réparation, ils pourront alors reprendre leur obéissance normale à notre égard.

* Tout homme qui le désire peut prêter serment d'obéir aux ordres des vingt-cinq barons pour atteindre ces objectifs, et de se joindre à eux pour nous assaillir de toutes leurs forces. Nous donnons publiquement et gratuitement la permission de prêter ce serment à tout homme qui le désire, et à aucun moment nous n'interdirons à aucun homme de le prêter. En effet, nous obligerons tous nos sujets qui ne veulent pas l'accepter à le prêter serment sur notre ordre.

* Si l'un des vingt-cinq barons décède ou quitte le pays, ou est empêché de toute autre manière de s'acquitter de ses fonctions, les autres choisiront à sa place un autre baron, à leur discrétion, qui prêtera dûment serment comme ils étaient.

* En cas de désaccord entre les vingt-cinq barons sur une question soumise à leur décision, le verdict de la majorité présente aura la même valeur qu'un verdict unanime de l'ensemble des vingt-cinq, que ceux-ci soient tous présents ou que certains soient présents. des personnes convoquées n'ont pas voulu ou pu se présenter.

* Les vingt-cinq barons jureront d'obéir fidèlement à tous les articles ci-dessus et feront en sorte qu'ils soient obéis par les autres au mieux de leur pouvoir.

* Nous ne chercherons pas à obtenir de quiconque, que ce soit par nos propres efforts ou par ceux d'un tiers, quoi que ce soit par lequel une partie de ces concessions ou libertés pourrait être révoquée ou diminuée. Si une telle chose était obtenue, elle serait nulle et non avenue et nous n'en ferions à aucun moment usage, ni nous-mêmes, ni par l'intermédiaire d'un tiers.

Nous avons remis et pardonné pleinement à tous les hommes toute mauvaise volonté, blessure ou rancune qui sont survenues entre nous et nos sujets, qu'ils soient membres du clergé ou laïcs, depuis le début du conflit. Nous avons en outre entièrement remis et, pour notre part, avons également pardonné à tous les membres du clergé et aux laïcs toutes les offenses commises à la suite de ladite dispute entre Pâques 1215 après JC et le rétablissement de la paix.

En outre , nous avons fait faire des lettres patentes pour les barons, témoignant de cette sécurité et des concessions exposées ci-dessus, sur les sceaux de Stephen, archevêque de Canterbury, Henry, archevêque de Dublin, des autres évêques nommés ci-dessus et de Maître Pandulf . .

C'EST EN CONSÉQUENCE NOTRE SOUHAIT ET NOTRE COMMANDEMENT que l'Église anglaise soit libre et que les hommes de notre royaume aient et conservent toutes ces libertés, droits et concessions, bien et paisiblement dans leur plénitude et leur intégralité pour eux et leurs héritiers, de nous. et nos héritiers, en toutes choses et en tous lieux pour toujours.

Nous et les barons avons juré que tout cela serait observé de bonne foi et sans tromperie. En témoignent les personnes mentionnées ci-dessus et bien d'autres.

Donné de notre main dans le pré appelé Runnymede, entre Windsor et Staines, le quinzième jour de juin de la dix-septième année de notre règne.

***

[Il manquait beaucoup d'espaces dans celui-ci, je ne suis pas sûr de tous les avoir]

Grande Charte 1215

Jean, par la grâce de Dieu, roi d'Angleterre, seigneur d'Irlande, duc de Normandie et d'Aquitaine et comte d'Anjou, aux archevêques, évêques, abbés, comtes, barons, justiciers, forestiers, shérifs, intendants, serviteurs et à tous ses huissiers et sujets liges, salut. Sachez que, eu égard à Dieu et pour le salut de notre âme, et de celle de tous nos ancêtres et héritiers, et pour l'honneur de Dieu et l'avancement de la sainte église, et pour la réforme de notre royaume, par l'avis de notre vénérable pères, Stephen archevêque de Canterbury, primat de toute l'Angleterre et cardinal de la sainte Église romaine, Henry archevêque de Dublin, Guillaume de Londres, Pierre de Winchester, Jocelyn de Bath et Glastonbury, Hugues de Lincoln, Walter de Worcester, Guillaume de Coventry, Benoît de Rochester, évêques ; de maître Pandulf , sous-diacre et membre de la maison de notre seigneur le Pape, du frère Aymeric (maître des Chevaliers du Temple en Angleterre), et des hommes illustres William Marshall comte de Pembroke, William comte de Salisbury, William comte de Warenne , William comte d'Arundel, Alan of Galloway (connétable d'Écosse), Waren Fitz Gerald, Peter Fits Herbert, Hubert de Burgh (sénéchal de Poitou), Hugh de Neville, Matthew Fitz Herbert, Thomas Basset, Alan Basset, Philip d ' Aubigny , Robert de Roppesley , John Marshall, John Fitz Hugh et d'autres, nos seigneurs.

1. En premier lieu, nous avons accordé à Dieu, et par ceci notre présente charte a confirmé pour nous et nos héritiers pour toujours que l'Église anglaise sera libre, et aura ses droits entiers et ses libertés inviolées ; et nous voulons qu'il soit ainsi observé ; il ressort de là que la liberté des élections, qui est considérée comme la plus importante et la plus essentielle à l'Église anglaise, nous, de notre volonté pure et sans contrainte, l'avons accordée, et avons confirmé et obtenu la ratification de la même charte. de notre seigneur le pape Innocent III, avant que la querelle ne s'élève entre nous et nos barons : et cela nous l'observerons, et notre volonté est qu'il soit observé de bonne foi par nos héritiers pour toujours . Nous avons également accordé à tous les hommes libres de notre royaume, pour nous et nos héritiers pour toujours , toutes les libertés souscrites, qui doivent être possédées et détenues par eux et leurs héritiers, par nous et par nos héritiers pour toujours .

2. Si l'un de nos comtes ou barons, ou autres personnes qui nous tiennent en chef par le service militaire, est décédé et qu'au moment de sa mort, son héritier est majeur et doit des « secours », il aura son héritage contre paiement. de l'ancien relief, à savoir l'héritier ou les héritiers d'un comte, 100 livres pour toute la baronnie d'un comte ; le ou les héritiers d'un baron, 100 livres pour une baronnie entière ; l'héritier ou les héritiers d'un chevalier, 100 shillings

au maximum pour la totalité des honoraires d'un chevalier ; et celui qui doit moins, qu'il donne moins, selon les anciens douaniers.

3. Si toutefois l'héritier de l'un des susdits est mineur et sous tutelle, qu'il ait son héritage sans secours et sans amende lorsqu'il sera majeur.

4. Le gardien de la terre d'un héritier ainsi mineur ne prendra de la terre de l'héritier que des produits raisonnables, des coutumes raisonnables et des services raisonnables, et cela sans destruction ni gaspillage d'hommes ou de biens ; et si nous avons confié la tutelle des terres d'un tel mineur au shérif, ou à tout autre qui est responsable envers nous de ses questions, et qu'il a détruit ou gaspillé ce qu'il détient en tutelle, nous lui enlèverons amende, et la terre sera confiée à deux hommes légaux et discrets de ce fief, qui seront responsables des émissions envers nous ou envers celui à qui nous les assignerons ; et si nous avons donné ou vendu la tutelle d'une telle terre à quelqu'un et qu'il y ait fait destruction ou dévastation, il perdra cette tutelle, et elle sera transférée à deux hommes légaux et discrets de ce fief, qui seront responsables. à nous de la même manière que mentionné ci-dessus.

5. De plus, le gardien, tant qu'il aura la tutelle du terrain, entretiendra les maisons, parcs, étangs à poissons, puits , moulins et autres choses appartenant au terrain, sur les issues du même terrain ; et il restituera à l'héritier, lorsqu'il sera majeur, toutes ses terres, garnies de charrues et de « waynages », selon que la saison de culture l'exigera et que les issues de la terre pourront raisonnablement supporter.

6. Les héritiers seront mariés sans dénigrement, mais de telle sorte qu'avant que le mariage ait lieu, le plus proche par le sang de cet héritier en soit informé.

7. Une veuve, après la mort de son mari, aura immédiatement et sans difficulté sa part de mariage et son héritage ; elle ne donnera rien non plus pour sa dot, ni pour sa part de mariage, ni pour l'héritage que son mari et elle détenaient au jour de la mort de ce mari ; et elle pourra rester dans la maison de son mari pendant quarante jours après sa mort, délai pendant lequel sa dot lui sera attribuée.

8. Aucune veuve ne sera contrainte de se marier, aussi longtemps qu'elle préfère vivre sans mari ; pourvu toujours qu'elle donne garantie de ne pas se marier sans notre consentement, si elle tient de nous, ou sans le consentement du seigneur dont elle tient, si elle tient d'un autre.

9. Ni nous ni nos huissiers ne saisirons aucune terre ni aucun loyer pour aucune dette, tant que les biens meubles du débiteur suffisent pour rembourser la dette ; les cautions du débiteur ne seront pas non plus saisies tant que le débiteur principal sera en mesure de régler sa dette ; et si le débiteur principal ne paie pas la dette, n'ayant rien pour la payer, les cautions

répondront de la dette ; et qu'ils auront les terres et les rentes du débiteur, s'ils les désirent, jusqu'à ce qu'ils soient indemnisés de la dette qu'ils ont payée pour lui, à moins que le débiteur principal ne puisse prouver qu'il en est libéré à l'égard desdites cautions.

10. Si celui qui a emprunté aux Juifs une somme, grande ou petite, décède avant que ce prêt puisse être remboursé, la dette ne portera pas d'intérêt tant que l'héritier sera mineur, quel qu'en soit le propriétaire ; et si la dette tombe entre nos mains, nous ne prendrons rien que la somme principale contenue dans le cautionnement.

11. Et si quelqu'un meurt endetté envers les Juifs, sa femme aura sa dot et ne paiera rien de cette dette ; et si des enfants du défunt sont mineurs, le nécessaire leur sera fourni conformément à la propriété du défunt ; et sur le reliquat, la dette sera payée, en réservant toutefois le service dû aux seigneurs féodaux ; qu'il en soit de même pour les dettes dues à d'autres que les Juifs.

12. Aucun scutage ni aucune aide ne seront imposés à notre royaume, sauf par le conseil commun de notre royaume, sauf pour racheter notre personne, pour faire de notre fils aîné un chevalier et pour une fois épouser notre fille aînée ; et pour ceux-ci, il ne sera pas perçu plus qu'une aide raisonnable. Il en sera de même pour les aides de la ville de Londres.

13. Et la ville de Londres aura toutes ses anciennes libertés et libres coutumes, aussi bien sur terre que sur eau ; en outre, nous décrétons et accordons que toutes les autres villes, bourgs, villes et ports auront toutes leurs libertés et libres coutumes.

14. Et pour obtenir le conseil commun du royaume concernant l'évaluation d'une aide (sauf dans les trois cas ci-dessus) ou d'un scutage, nous ferons convoquer les archevêques, évêques, abbés, comtes et grands barons, séparément. par nos lettres ; et nous ferons en outre convoquer généralement, par nos shérifs et huissiers, tous les autres qui détiennent de nous en chef, à date fixée, savoir, après l'expiration d'au moins quarante jours, et à lieu fixé ; et dans toutes les lettres de convocation, nous préciserons le motif de la convocation. Et lorsque la convocation aura été ainsi faite, l'affaire se poursuivra au jour fixé, selon le conseil des personnes présentes, bien que tous ceux qui ont été convoqués ne soient pas venus.

15. Nous n'accorderons plus à personne le droit de recevoir l'aide de ses propres locataires libres, sauf pour racheter son corps, faire de son fils aîné chevalier et une fois épouser sa fille aînée ; et à chacune de ces occasions, il ne sera perçu qu'une aide raisonnable.

16. Nul ne pourra être saisi pour avoir accompli un service plus important contre les honoraires d'un chevalier, ou pour tout autre logement gratuit, que celui qui en découle.

17. Les plaidoyers communs ne suivront pas notre tribunal, mais auront lieu dans un lieu fixe.

18. Les enquêtes sur la nouvelle disseisin, sur la mort d'ancêtre et sur la présentation du darrein , ne seront pas tenues ailleurs que dans leurs propres tribunaux de comté et cela de la manière suivante : Nous, ou, si nous devions être hors du royaume, notre le grand justicier, enverra quatre fois par an deux justiciers dans chaque comté, qui, avec quatre chevaliers du comté choisis par le comté, tiendront ladite assise au tribunal du comté, le jour et le lieu de séance de celui-ci. tribunal.

19. Et si aucune des dites assises ne peut être prise le jour du tribunal de comté, qu'il reste des chevaliers et des francs-tenanciers qui étaient présents au tribunal de comté ce jour-là, en autant qu'il sera nécessaire pour la tenue effective. de jugements, selon que l'affaire soit plus ou moins grande.

20. Un homme libre ne sera pas poursuivi pour une offense légère, sauf en fonction du degré de l'offense ; et pour une offense grave, il sera puni en fonction de la gravité de l'offense, tout en gardant toujours son « contentement » ; et un marchand de la même manière, sauvant sa « marchandise » ; et un vilain sera amercié de la même manière, sauf son « vannage » — s'ils sont tombés dans notre miséricorde : et aucun des amercements ci-dessus ne sera imposé sauf par le serment des honnêtes gens du quartier.

21. Les comtes et les barons ne pourront être amerciés que par l'intermédiaire de leurs pairs, et seulement en fonction du degré de l'offense.

22. Un clerc ne pourra être amercié à l'égard de sa propriété laïque qu'à la manière des autres susdits ; en outre, il ne sera pas amercié conformément à l'étendue de son bénéfice ecclésiastique.

23. Aucun village ni individu ne sera obligé de construire des ponts sur les rives des rivières, sauf ceux qui, autrefois , y étaient légalement tenus.

24. Aucun shérif, constable, coroner ou autre de nos huissiers ne pourra retenir les plaidoyers de notre Couronne.

25. Tous les comtés, centaines, wapentakes et trithings (à l'exception de nos manoirs de domaine) resteront aux anciens loyers et sans aucun paiement supplémentaire.* **ici peut être une erreur

26. Si quelqu'un de nous détenant un fief laïc décède, et que notre shérif ou huissier exhibe nos lettres patentes d'assignation pour une dette que le défunt nous devait, il sera légal à notre shérif ou huissier de saisir et de cataloguer les biens meubles. du défunt, trouvé sur le fief laïc, à la valeur de cette dette, à la vue d'hommes dignes de la loi, pourvu toujours que rien de quoi que ce soit soit alors enlevé jusqu'à ce que la dette qui est évidente nous

soit entièrement payée ; et le résidu sera laissé aux exécuteurs testamentaires pour accomplir la volonté du défunt ; et s'il ne nous doit rien, tous les biens reviendront au défunt, sauf à sa femme et à ses enfants leurs parts raisonnables.

27. Si un homme libre meurt intestat, ses biens seront distribués par les mains de ses plus proches parents et amis, sous la surveillance de l'Église, sauf à chacun les dettes que le défunt lui devait.

28. Aucun de nos connétables ou autres huissiers ne pourra prendre du blé ou d'autres provisions de qui que ce soit sans immédiatement présenter de l'argent pour cela, à moins qu'il ne puisse en obtenir un report avec la permission du vendeur.

29. Aucun connétable ne pourra obliger un chevalier à donner de l'argent en remplacement de la garde du château, lorsqu'il est prêt à l'accomplir lui-même, ou (s'il ne peut le faire pour une raison raisonnable) alors par un autre homme responsable. De plus, si nous l'avons conduit ou envoyé au service militaire, il sera relevé de la garde proportionnellement au temps pendant lequel il a été en service à cause de nous.

30. Aucun de nos shérifs ou huissiers, ou toute autre personne, ne pourra prendre les chevaux ou les charrettes d'un homme libre pour le transport, contre la volonté dudit homme libre.

31. Ni nous ni nos huissiers ne prendrons, pour nos châteaux ou pour tout autre ouvrage de notre part, du bois qui n'est pas le nôtre, contre la volonté du propriétaire de ce bois.

32. Nous ne conserverons pas plus d'un an et un jour les terres de ceux qui auront été convaincus de crime, et les terres seront ensuite remises aux seigneurs des fiefs.

33. Tous les chevreaux pour l'avenir seront complètement retirés de la Tamise et de la Medway, et dans toute l'Angleterre, sauf sur le bord de la mer.

34. Le bref appelé praecipe ne pourra désormais être délivré à personne concernant un immeuble par lequel un homme libre peut perdre sa cour.

35. Qu'il y ait une seule mesure de vin dans tout notre royaume ; et une mesure de bière ; et une mesure de blé, à savoir « le quartier de Londres » ; et une largeur de tissu (qu'il soit teint, ou roux, ou « halberget »), à savoir, deux aunes à l'intérieur des lisières ; des poids qu'il en soit aussi des mesures.

36. Rien à l'avenir ne sera donné ou pris pour une ordonnance d'inquisition de la vie ou des membres, mais cela sera accordé librement et jamais refusé.

37. Si quelqu'un nous détient par fief, par socage ou par burgage, et qu'il possède également les terres d'un autre seigneur par le service d'un chevalier, nous n'aurons pas (en raison de ces fiefs, socage ou burgage) le tutelle de l'héritier, ou de ses terres qui appartiennent au fief de cet autre ; nous n'aurons pas non plus la tutelle de cette ferme fief, de ce socage ou de ce burgage, à moins que cette ferme fief ne doive le service d'un chevalier. Nous n'aurons pas, en raison d'un petit sergent que quiconque peut détenir de nous en nous fournissant des couteaux, des flèches ou autres, la tutelle de son héritier de la terre qu'il détient d'un autre seigneur par le service d'un chevalier.

38. Aucun huissier à l'avenir ne pourra, sur sa propre plainte non étayée, mettre quelqu'un à sa « loi », sans témoins crédibles amenés à cet effet.

39. Aucun homme libre ne sera pris, emprisonné, disséqué , exilé ou détruit de quelque manière que ce soit , et nous ne l'attaquerons ni ne l'enverrons contre lui, sauf par le jugement légitime de ses pairs ou par la loi du pays.

40. À personne nous ne vendrons, à personne nous ne refuserons ni ne retarderons le droit ou la justice.

41. Tous les marchands auront une sortie sûre et sécurisée d'Angleterre et une entrée en Angleterre, avec le droit d'y séjourner et de se déplacer aussi bien par terre que par eau, pour acheter et vendre selon les anciennes et justes coutumes, à l'écart de tout des péages mauvais, sauf (en temps de guerre) les marchands du pays en guerre avec nous. Et si de tels hommes sont trouvés dans notre pays au début de la guerre, ils seront détenus, sans dommage à leurs corps ni à leurs biens, jusqu'à ce que nous ou notre juge en chef ayons reçu des informations sur la façon dont les marchands de notre pays ont trouvé dans le pays. les terres en guerre avec nous sont traitées ; et si nos hommes y sont en sécurité, les autres seront en sécurité dans notre pays.

42. Il sera désormais licite à quiconque (sauf toujours ceux qui sont emprisonnés ou mis hors la loi conformément à la loi du royaume, et les indigènes de tout pays en guerre avec nous, et les marchands, qui seront traités comme il est prévu ci-dessus) de quitter notre royaume et revenir, sain et sauf par terre et par eau, sauf pour une courte période en temps de guerre, pour des raisons d'ordre public, en réservant toujours l'allégeance qui nous est due.

43. Si quelqu'un détenant une certaine déshérence (telle que l'honneur de Wallingford, Nottingham, Boulogne, Lancaster, ou d'autres déshérences qui sont entre nos mains et qui sont des baronnies) meurt, son héritier ne donnera aucun autre soulagement et n'effectuera aucune il nous aurait rendu un autre service que celui qu'il aurait rendu au baron, si cette baronnie avait

été entre les mains du baron ; et nous le tiendrons de la même manière dont le baron le tenait.

44. Les hommes qui habitent hors forêt n'ont plus besoin désormais de se présenter devant nos justiciers forestiers sur convocation générale, sauf ceux qui sont mis en cause, ou qui se sont portés garants de toute personne ou personnes arrêtées pour délits forestiers.

45. Nous ne nommerons comme juges, connétables, shérifs ou huissiers que ceux qui connaissent la loi du royaume et entendent bien l'observer.

46. Tous les barons qui ont fondé des abbayes, au sujet desquelles ils détiennent des chartes des rois d'Angleterre, ou dont ils ont longtemps continué la possession, en auront la tutelle, lorsqu'ils seront vacants, comme ils devraient l'avoir.

47. Toutes les forêts devenues telles de nos jours seront immédiatement déboisées ; et une démarche similaire sera suivie en ce qui concerne les berges des rivières que nous avons mises « en défense » à notre époque.

48. Toutes les mauvaises coutumes liées aux forêts et aux garennes, aux forestiers et aux garennes, aux shérifs et à leurs officiers, aux rives des rivières et à leurs gardiens, seront immédiatement instruites dans chaque comté par douze chevaliers assermentés du même comté choisis par les honnêtes gens du pays. même comté, et seront, dans les quarante jours de ladite enquête, complètement abolis, de manière à ne jamais être rétablis, à condition toujours que nous en soyons informés au préalable, ou notre justicier, si nous ne devions pas être en Angleterre.

49. Nous restituerons immédiatement tous les otages et chartes qui nous seront livrés par les Anglais, comme garants de la paix ou de bons services.

50. Nous éloignerons entièrement de leurs bailliages les parents de Gérard Athee (de sorte qu'à l'avenir ils n'auront plus de bailliage en Angleterre) ; à savoir, Engelard de Cigogne , Pierre, Guy et André de Chanceaux , Guy de Cigogne , Geofrrey de Martigny avec ses frères, Philippe Marc avec ses frères et son neveu Geoffroy, et toute leur couvée.

51. Dès que la paix sera rétablie, nous bannirons du royaume tous les chevaliers, arbalétriers, sergents et soldats mercenaires nés à l'étranger, venus avec des chevaux et des armes pour le mal du royaume.

52. Si quelqu'un a été dépossédé ou éloigné par nous, sans le jugement légal de ses pairs, de ses terres, châteaux, franchises, ou de son droit, nous les lui restituerons immédiatement ; et si un différend surgit à ce sujet, qu'il soit tranché par les vingt-cinq barons dont il est fait mention ci-dessous dans la clause pour assurer la paix. De plus, pour toutes ces possessions dont quelqu'un a, sans le jugement légitime de ses pairs, été confisquées ou

enlevées, par notre père, le roi Henri, ou par notre frère, le roi Richard, et que nous conservons entre nos mains (ou qui sont possédés par d'autres, à qui nous sommes tenus de les garantir), nous aurons du répit jusqu'au terme habituel des croisés ; à l'exception des choses au sujet desquelles un plaidoyer a été soulevé, ou une enquête faite par notre ordre, avant notre prise de la croix ; mais dès que nous nous détournerons de notre expédition (ou si par hasard nous renonçons à l'expédition), nous rendrons immédiatement pleine justice à cet égard.

53. Nous aurons en outre le même répit et de la même manière pour rendre justice concernant le déboisement ou la rétention des forêts qu'Henri notre père et Richard notre frère ont boisées, et concernant la tutelle des terres qui sont du fief d'autrui (à savoir, les tutelles que nous avons eues jusqu'ici en raison d'un fief que quelqu'un détenait de nous par service de chevalier), et concernant les abbayes fondées sur d'autres fiefs que le nôtre, sur lesquelles le seigneur du fief prétend avoir droit ; et lorsque nous serons de retour, ou si nous renonçons à notre expédition, nous rendrons immédiatement pleine justice à tous ceux qui se plaindront de telles choses.

54. Nul ne pourra être arrêté ou emprisonné sur appel d'une femme, pour la mort d'un autre que son mari.

55. Toutes les amendes faites chez nous injustement et contre la loi du pays, et toutes les améliorations imposées injustement et contre la loi du pays, seront entièrement remises, ou bien cela sera fait à leur sujet selon la décision des cinq. et vingt barons dont mention est faite ci-dessous dans la clause pour assurer la paix, ou selon le jugement de la majorité de ceux-ci, avec le susdit Stephen, archevêque de Cantorbéry, s'il peut être présent, et tels autres comme il voudra peut-être amener avec lui à cet effet, et s'il ne peut être présent, l'affaire se poursuivra néanmoins sans lui, à condition toujours que si l'un ou plusieurs des vingt-cinq barons susmentionnés sont dans un procès similaire, ils devront seront destitués en ce qui concerne ce jugement particulier, d'autres étant substitués à leurs places après avoir été choisis par le reste des mêmes vingt-cinq dans ce seul but, et après avoir prêté serment.

56. Si nous avons dépouillé ou expulsé des Gallois de terres, de libertés ou d'autres choses, sans le jugement légal de leurs pairs en Angleterre ou au Pays de Galles, ils leur seront immédiatement restitués ; et si un différend surgit à ce sujet, qu'il soit tranché dans les marches par le jugement de leurs pairs ; pour les immeubles en Angleterre selon la loi d'Angleterre, pour les immeubles au Pays de Galles selon la loi du Pays de Galles et pour les immeubles dans les marches selon la loi des marches. Les Gallois feront de même avec nous et les nôtres.

57. En outre, pour toutes les possessions dont un Gallois a, sans le jugement légitime de ses pairs, été disséminée ou enlevée par le roi Henri

notre père ou le roi Richard notre frère, et que nous conservons entre nos mains (ou qui sont possédées par d'autres, à qui nous sommes tenus de les garantir), nous aurons du répit jusqu'au terme habituel des croisés ; à l'exception des choses au sujet desquelles un plaidoyer a été soulevé ou une enquête faite par notre ordre avant que nous prenions la croix ; mais dès notre retour (ou si par hasard nous renonçons à notre expédition), nous rendrons immédiatement pleine justice conformément aux lois galloises et en ce qui concerne les régions susmentionnées.

58. Nous abandonnerons immédiatement le fils de Llywelyn et tous les otages du Pays de Galles, ainsi que les chartes qui nous ont été livrées en garantie de la paix.

59. Nous ferons envers Alexandre, roi d'Écosse, concernant le retour de ses sœurs et de ses otages, et concernant ses franchises et ses droits, de la même manière que nous ferons envers nos autres barons d'Angleterre, à moins qu'il ne soit nécessaire de le faire. il en sera autrement selon les chartes que nous tenons de Guillaume son père, ancien roi d'Écosse ; et cela sera selon le jugement de ses pairs dans notre cour.

60. De plus, toutes ces coutumes et libertés susvisées, dont nous avons accordé l'observance dans notre royaume en ce qui nous concerne envers nos hommes, seront observées par tout notre royaume, tant par le clergé que par les laïcs, en ce qui concerne envers eux envers leurs hommes.

61. Puisque d'ailleurs, pour Dieu et l'amendement de notre royaume et pour mieux apaiser la querelle qui s'est élevée entre nous et nos barons, nous avons accordé toutes ces concessions, désireux qu'ils en jouissent dans une endurance complète et ferme pendant toujours , nous leur donnons et leur accordons la garantie souscrite, à savoir que les barons choisiront vingt-cinq barons du royaume, qui ils voudront, qui seront liés de toutes leurs forces, pour observer, tenir et faire être. observé, la paix et les libertés que nous leur avons accordées et confirmées par la présente notre présente Charte, de sorte que si nous, ou notre justicier, ou nos huissiers ou l'un de nos officiers, sommes en quoi que ce soit en faute envers qui que ce soit, ou devons Si nous avons violé quelqu'un des articles de la paix ou de cette sûreté, et que le délit soit notifié à quatre barons des vingt-cinq susdits, lesdits quatre barons se rendront chez nous (ou chez notre justicier, si nous sommes hors de le royaume) et, nous présentant la transgression, demandons que cette transgression soit réparée sans délai. Et si nous n'avons pas corrigé la transgression (ou, dans le cas où nous sommes hors du royaume, si notre justicier ne l'a pas corrigé) dans un délai de quarante jours, à compter du moment où elle nous a été signalée (ou à notre justiciar, si nous sommes hors du royaume), les quatre barons susdits en référeront au reste des vingt-cinq barons, et ces vingt-cinq barons, avec la communauté de tout le pays, , nous

saisissent et nous affligent de toutes les manières possibles, à savoir en s'emparant de nos châteaux, de nos terres, de nos possessions et de toute autre manière qu'ils peuvent, jusqu'à ce qu'ils aient obtenu réparation comme ils le jugent approprié, mettant ainsi hors de danger notre propre personne et les personnes de nos reine et enfants; et lorsque réparation aura été obtenue, ils reprendront leurs anciennes relations avec nous. Et que quiconque dans le pays le désire, jure d'obéir aux ordres desdits vingt-cinq barons pour l'exécution de toutes les affaires susvisées, et avec eux, de nous molester de tout son pouvoir ; et nous accordons publiquement et librement l'autorisation à quiconque souhaite prêter serment, et nous n'interdirons jamais à personne de jurer. En outre, tous ceux qui, dans le pays, ne veulent pas d'eux-mêmes et de leur propre gré jurer aux vingt-cinq de les aider à nous contraindre et à nous molester, nous les contraindrons par notre ordre à jurer à l'effet susmentionné . Et si l'un des vingt-cinq barons est mort ou a quitté le pays, ou est frappé d'incapacité de toute autre manière qui empêcherait l'exécution des dispositions susmentionnées, ceux desdits vingt-cinq barons qui restent seront choisissez-en un autre à sa place selon leur propre jugement, et il prêtera serment de la même manière que les autres. De plus, dans toutes les affaires dont l'exécution est confiée à ces vingt-cinq barons, si par hasard ces vingt-cinq sont présents, ce que la majorité des présents ordonnera ou commandera sera tenu pour fixé et établi, exactement comme si le vingt-cinq personnes au total étaient d'accord avec cela ; et lesdits vingt-cinq jureront qu'ils observeront fidèlement tout ce qui précède et qu'ils le feront observer de toutes leurs forces. Et nous n'obtiendrons rien de qui que ce soit, directement ou indirectement, par lequel une partie quelconque de ces concessions et libertés pourrait être révoquée ou diminuée ; et si une telle chose a été obtenue, qu'elle soit nulle et nulle, et nous ne l'utiliserons jamais personnellement ou par autrui.

62. Et toute la mauvaise volonté, les haines et l'amertume qui sont apparues entre nous et nos hommes, clercs et laïcs, depuis la date de la querelle, nous les avons complètement remis et pardonnés à tout le monde . De plus, toutes les offenses occasionnées par ladite querelle, depuis Pâques dans la seizième année de notre règne jusqu'au rétablissement de la paix, nous les avons entièrement remises à tous, tant au clergé qu'aux laïcs, et entièrement pardonnées, en ce qui nous concerne. Et, à ce sujet, nous avons fait faire pour eux des lettres testimoniales patentes du lord Stephen, archevêque de Cantorbéry, du lord Henry, archevêque de Dublin, des évêques susdits, et de maître Pandulf, comme touchant à cette sécurité et à la concessions susvisées.

63. C'est pourquoi c'est notre volonté, et nous enjoignons fermement, que l'Église anglaise soit libre et que les hommes de notre royaume aient et détiennent toutes les libertés, droits et concessions susmentionnés, bien et

paisiblement, librement et tranquillement, pleinement et entièrement, pour eux-mêmes et leurs héritiers, pour nous et nos héritiers, à tous égards et en tous lieux pour toujours, comme il est dit ci-dessus. Il a d'ailleurs été prêté serment, tant de notre part que de la part des barons, que toutes ces conditions ci-dessus seront observées de bonne foi et sans mauvaise intention. Donné sous notre seing, les susnommés et beaucoup d'autres étant témoins, dans le pré appelé Runnymede, entre Windsor et Staines, le quinzième jour de juin, la dix-septième année de notre règne.

Le texte de LA MAGNA CARTA

La Magna Carta (La Grande Charte) :

Préambule:

Jean, par la grâce de Dieu, roi d'Angleterre, seigneur d'Irlande, duc de Normandie et d'Aquitaine et comte d'Anjou, à l'archevêque, aux évêques, aux abbés, aux comtes, aux barons, aux justiciers, aux forestiers, aux shérifs, aux intendants, aux serviteurs et à tous ses huissiers et sujets liges, salutations. Sachez que, eu égard à Dieu et pour le salut de notre âme et de celle de tous nos ancêtres et héritiers, et pour l'honneur de Dieu et l'avancement de sa sainte Église et pour la rectification de notre royaume, nous avons accordé comme souscrit par les conseils de nos vénérables pères, Stephen, archevêque de Cantorbéry, primat de toute l'Angleterre et cardinal de la sainte Église romaine, Henry, archevêque de Dublin, Guillaume de Londres, Pierre de Winchester, Jocelyn de Bath et Glastonbury, Hugh de Lincoln, Walter de Worcester, Guillaume de Coventry, Benoît de Rochester, évêques ; de Maître Pandulf , sous-diacre et membre de la maison de notre seigneur le Pape, du frère Aymeric (maître des Chevaliers du Temple en Angleterre), et des hommes illustres William Marshal, comte de Pembroke, William, comte de Salisbury, William , comte de Warenne , William, comte d'Arundel, Alan de Galloway (connétable d'Écosse), Waren Fitz Gerold , Peter Fitz Herbert, Hubert De Burgh (sénéchal de Poitou), Hugh de Neville, Matthew Fitz Herbert, Thomas Basset, Alan Basset , Philippe d'Aubigny , Robert de Roppesley , John Marshal, John Fitz Hugh et d'autres, nos seigneurs.

1. En premier lieu, nous avons accordé à Dieu, et par ceci notre présente charte a confirmé pour nous et nos héritiers pour toujours que l'Église anglaise sera libre, et aura ses droits entiers et ses libertés inviolées ; et nous voulons qu'il soit ainsi observé ; Il ressort de là que la liberté des élections, qui est considérée comme la plus importante et la plus essentielle à l'Église anglaise, nous, de notre volonté pure et sans contrainte, l'avons accordée, et avons confirmé et obtenu la ratification de la même charte. de notre seigneur le pape Innocent III, avant que la querelle ne s'élève entre nous et nos barons : et cela nous l'observerons, et notre volonté est qu'il soit observé de bonne foi par nos héritiers pour toujours. Nous avons également accordé à tous les hommes libres de notre royaume, pour nous et nos héritiers pour toujours, toutes les libertés souscrites, qui doivent être possédées et détenues par eux et leurs héritiers, par nous et par nos héritiers pour toujours.

2. Si l'un de nos comtes ou barons, ou autres personnes qui nous tiennent en chef par le service militaire, est décédé et qu'au moment de sa mort, son héritier est majeur et doit des « secours », il aura son héritage par l'ancien

soulagement, à savoir l'héritier ou les héritiers d'un comte, pour toute la baronnie d'un comte par L100 ; le ou les héritiers d'un baron, 100 L pour une baronnie entière ; l'héritier ou les héritiers d'un chevalier, 100 shillings au maximum, et celui qui doit moins qu'il donne moins, selon l'ancienne coutume des honoraires.

3. Si toutefois l'héritier de l'un des susdits est mineur et sous tutelle, qu'il ait son héritage sans secours et sans amende lorsqu'il sera majeur.

4. Le gardien de la terre d'un héritier ainsi mineur ne prendra de la terre de l'héritier que des produits raisonnables, des coutumes raisonnables et des services raisonnables, et cela sans destruction ni gaspillage d'hommes ou de biens ; et si nous avons confié la tutelle des terres d'un tel mineur au shérif, ou à tout autre qui est responsable envers nous de ses questions, et qu'il a détruit ou gaspillé ce qu'il détient en tutelle, nous lui enlèverons amende, et la terre sera confiée à deux hommes légaux et discrets de ce fief, qui seront responsables des émissions envers nous ou envers celui à qui nous les assignerons ; et si nous avons donné ou vendu la tutelle d'une telle terre à quelqu'un et qu'il y ait fait destruction ou dévastation, il perdra cette tutelle, et elle sera transférée à deux hommes légaux et discrets de ce fief, qui seront responsables de nous de la même manière que mentionné ci-dessus.

5. De plus, le gardien, tant qu'il aura la tutelle du terrain, entretiendra les maisons, parcs, étangs à poissons, puits , moulins et autres choses appartenant au terrain, sur les issues du même terrain ; et il restituera à l'héritier, lorsqu'il sera majeur, toutes ses terres, garnies de charrues et de ferrures , selon que la saison de culture l'exigera et que les issues de la terre pourront raisonnablement supporter.

6. Les héritiers seront mariés sans dénigrement, mais de telle sorte qu'avant que le mariage ait lieu, le plus proche par le sang de cet héritier en soit informé.

7. Une veuve, après la mort de son mari, aura immédiatement et sans difficulté sa part de mariage et son héritage ; elle ne donnera rien non plus pour sa dot, ni pour sa part de mariage, ni pour l'héritage que son mari et elle détenaient au jour de la mort de ce mari ; et elle pourra rester dans la maison de son mari pendant quarante jours après sa mort, délai pendant lequel sa dot lui sera attribuée.

8. Aucune veuve ne sera contrainte de se marier, aussi longtemps qu'elle préfère vivre sans mari ; pourvu toujours qu'elle donne garantie de ne pas se marier sans notre consentement, si elle tient de nous, ou sans le consentement du seigneur dont elle tient, si elle tient d'un autre.

9. Ni nous ni nos huissiers ne saisirons aucune terre ni aucun loyer pour aucune dette, tant que les meubles du débiteur suffisent pour rembourser la

dette ; les cautions du débiteur ne seront pas non plus saisies tant que le débiteur principal sera en mesure de régler sa dette ; et si le débiteur principal ne paie pas la dette, n'ayant rien pour la payer, les cautions répondront de la dette ; et qu'ils auront les terres et les rentes du débiteur, s'ils les désirent, jusqu'à ce qu'ils soient indemnisés de la dette qu'ils ont payée pour lui, à moins que le débiteur principal ne puisse prouver qu'il en est libéré à l'égard desdites cautions.

10. Si celui qui a emprunté aux Juifs une somme, grande ou petite, décède avant que ce prêt ne soit remboursé, la dette ne portera pas d'intérêt tant que l'héritier sera mineur, quel qu'en soit le propriétaire ; et si la dette tombe entre nos mains, nous ne prendrons rien que la somme principale contenue dans le cautionnement.

11. Et si quelqu'un meurt endetté envers les Juifs, sa femme aura sa dot et ne paiera rien de cette dette ; et si des enfants du défunt restent mineurs, le nécessaire leur sera fourni conformément à la propriété du défunt ; et sur le reliquat, la dette sera payée, en réservant toutefois le service dû aux seigneurs féodaux ; qu'il en soit de même pour les dettes dues à d'autres que les Juifs.

12. Aucun scutage ni aucune aide ne seront imposés à notre royaume, sauf par un conseil commun de notre royaume, sauf pour racheter notre personne, pour faire de notre fils aîné un chevalier et pour une fois épouser notre fille aînée ; et pour ceux-ci, il ne sera pas perçu plus qu'une aide raisonnable. Il en sera de même pour les aides de la ville de Londres.

13. Et la ville de Londres aura toutes ses anciennes libertés et ses coutumes libres, aussi bien sur terre que sur eau ; en outre, nous décrétons et accordons que toutes les autres villes, bourgs, villes et ports auront toutes leurs libertés et libres coutumes.

14. Et pour obtenir le conseil commun du royaume concernant l'évaluation d'une aide (sauf dans les trois cas ci-dessus) ou d'un scutage, nous ferons convoquer les archevêques, évêques, abbés, comtes et grands barons, séparément. par nos lettres ; et nous ferons en outre être convoqués généralement, par nos shérifs et huissiers, et autres qui nous tiennent en chef, pour une date fixée, c'est-à-dire après l'expiration d'au moins quarante jours, et à un lieu fixé ; et dans toutes les lettres de convocation, nous préciserons le motif de la convocation. Et lorsque la convocation aura été ainsi faite, l'affaire se poursuivra au jour fixé, selon le conseil des personnes présentes, bien que tous ceux qui ont été convoqués ne soient pas venus.

15. Nous n'accorderons à l'avenir à personne le droit de recevoir une aide de ses propres locataires libres, sauf pour racheter sa personne, pour faire chevalier son fils aîné et pour épouser une fois sa fille aînée ; et à chacune de ces occasions, il ne sera perçu qu'une aide raisonnable.

16. Nul ne pourra être saisi pour avoir accompli un service plus important contre les honoraires d'un chevalier, ou pour tout autre logement gratuit, que celui qui en découle.

17. Les plaidoyers communs ne suivront pas notre tribunal, mais auront lieu dans un lieu fixe.

18. Les enquêtes sur la dissertation nouvelle, sur la mort d'ancêtre et sur la présentation du darrein ne pourront être tenues ailleurs que dans leurs propres tribunaux de comté, et cela de la manière suivante ; Nous, ou, si nous sommes hors du royaume, notre justicier en chef, enverrons quatre fois par an deux justiciers dans chaque comté, qui tiendront seuls avec quatre chevaliers du comté choisis par le comté, lesdites assises dans le comté. tribunal, le jour et le lieu de réunion de ce tribunal.

19. Et si aucune des dites assises ne peut être prise le jour du tribunal de comté, qu'il reste des chevaliers et des francs-tenanciers qui étaient présents au tribunal de comté ce jour-là, en autant qu'il sera nécessaire pour la tenue effective. de jugements, selon que l'affaire soit plus ou moins grande.

20. Un homme libre ne sera pas poursuivi pour une offense légère, sauf en fonction du degré de l'offense ; et pour une infraction grave, il sera puni conformément à la gravité de l'infraction, tout en préservant toujours son « contentement » ; et un commerçant de la même manière, sauvant sa « marchandise » ; et un vilain sera amercié de la même manière, sauf son « vannage » s'il est tombé dans notre miséricorde : et aucun des amercements ci-dessus ne sera imposé que par le serment des honnêtes gens du voisinage.

21. Les comtes et les barons ne pourront être amerciés que par l'intermédiaire de leurs pairs, et seulement en fonction du degré de l'offense.

22. Un clerc ne pourra être amercié à l'égard de sa propriété laïque qu'à la manière des autres susdits ; en outre, il ne sera pas amercié conformément à l'étendue de son bénéfice ecclésiastique.

23. Aucun village ni individu ne sera obligé de construire des ponts sur les berges des rivières, sauf ceux qui, autrefois , y étaient légalement tenus.

24. Aucun shérif, constable, coroner ou autre de nos huissiers ne pourra retenir les plaidoyers de notre Couronne.

25. Tous les comtés, cent, wapentakes et trithings (sauf nos manoirs de domaine) resteront aux anciens loyers, et sans aucun paiement supplémentaire.

26. Si quelqu'un de nous détenant un fief laïc décède, et que notre shérif ou huissier exhibe nos lettres patentes d'assignation pour une dette que le défunt nous devait, il sera légal à notre shérif ou huissier de saisir et d'inscrire

les meubles de le défunt, trouvé sur le fief laïc, à la valeur de cette dette, à la vue d'hommes dignes de la loi, pourvu toujours que rien ne soit enlevé de là jusqu'à ce que la dette qui est évidente nous soit entièrement payée ; et le résidu sera laissé aux exécuteurs testamentaires pour accomplir la volonté du défunt ; et s'il ne nous doit rien, tous les biens reviendront au défunt, sauf à sa femme et à ses enfants leurs parts raisonnables.

27. Si un homme libre meurt intestat, ses biens seront distribués par les mains de ses plus proches parents et amis, sous la surveillance de l'Église, sauf à chacun les dettes que le défunt lui devait.

28. Aucun de nos connétables ou autres huissiers ne pourra prendre du blé ou d'autres provisions à qui que ce soit sans immédiatement présenter de l'argent pour cela, à moins qu'il ne puisse en obtenir un report avec la permission du vendeur.

29. Aucun connétable ne pourra obliger un chevalier à donner de l'argent en remplacement de la garde du château, lorsqu'il est disposé à l'accomplir lui-même, ou (s'il ne peut le faire lui-même pour une raison raisonnable) alors par un autre homme responsable. De plus, si nous l'avons conduit ou envoyé au service militaire, il sera relevé de la garde proportionnellement au temps pendant lequel il a été en service à cause de nous.

30. Aucun de nos shérifs ou huissiers, ou toute autre personne, ne pourra prendre les chevaux ou les charrettes d'un homme libre pour le transport, contre la volonté dudit homme libre.

31. Ni nous ni nos huissiers ne prendrons, pour nos châteaux ou pour tout autre ouvrage de notre part, du bois qui n'est pas le nôtre, contre la volonté du propriétaire de ce bois.

32. Nous ne conserverons pas plus d'un an et un jour les terres de ceux qui auront été convaincus de crime, et les terres seront ensuite remises aux seigneurs des fiefs.

33. Tous les kydells à l'avenir seront complètement retirés de la Tamise et de la Medway, et dans toute l'Angleterre, sauf sur le bord de la mer.

34. Le bref appelé praecipe ne pourra désormais être délivré à personne concernant un immeuble par lequel un homme libre peut perdre sa cour.

35. Qu'il y ait une seule mesure de vin dans tout notre royaume ; et une mesure de bière ; et une mesure de maïs, à savoir « le quartier de Londres » ; et une largeur de tissu (qu'il soit teint, ou roux, ou « halberget »), à savoir, deux aunes à l'intérieur des lisières ; des poids qu'il en soit aussi des mesures.

36. Rien à l'avenir ne sera donné ou pris pour une ordonnance d'inquisition de la vie ou des membres, mais cela sera accordé librement et jamais refusé.

37. Si quelqu'un détient de nous par fief, soit par socage, soit par burage , ou de toute autre terre par le service d'un chevalier, nous n'aurons pas (en raison de ces fiefs, socage ou burgage) la tutelle de l'héritier, ou de ses terres comme si elles appartenaient au fief de cet autre ; nous n'aurons pas non plus la tutelle de cette ferme fief, de ce socage ou de ce burgage, à moins que cette ferme fief ne doive le service d'un chevalier. Nous n'aurons pas, en raison d'une petite serjeance que quiconque peut détenir sur nous en nous fournissant des couteaux, des flèches ou autres, la tutelle de son héritier ou des terres qu'il détient d'un autre seigneur par le service d'un chevalier.

38. Aucun huissier de justice ne pourra désormais, sur sa propre plainte non étayée, mettre quelqu'un à sa « loi », sans témoins crédibles amenés à cet effet .

39. Aucun homme libre ne sera pris, emprisonné, disséqué , exilé ou détruit de quelque manière que ce soit, et nous ne l'attaquerons ni ne l'enverrons contre lui, sauf par le jugement légitime de ses pairs ou par la loi du pays.

40. À personne nous ne vendrons, à personne nous ne refuserons ni ne retarderons le droit ou la justice.

41. Tous les marchands auront une sortie sûre et sécurisée d'Angleterre et une entrée en Angleterre, avec le droit d'y séjourner et de se déplacer aussi bien par terre que par eau, pour acheter et vendre selon les anciennes et justes coutumes, à l'écart de tout des péages mauvais, sauf (en temps de guerre) les marchands du pays en guerre avec nous. Et si de tels hommes sont trouvés dans notre pays au début de la guerre, ils seront détenus, sans dommage à leurs corps ni à leurs biens, jusqu'à ce que nous ou notre juge en chef ayons reçu des informations sur la façon dont les marchands de notre pays ont trouvé dans le pays. les terres en guerre avec nous sont traitées ; et si nos hommes y sont en sécurité, les autres seront en sécurité dans notre pays.

42. Il sera désormais licite à quiconque (sauf toujours ceux qui sont emprisonnés ou mis hors-la-loi conformément à la loi du royaume, et les indigènes de tout pays en guerre avec nous, et les marchands, qui seront traités comme si ci-dessus prévu) de quitter notre royaume et de revenir sain et sauf par terre et par eau, sauf pour une courte période en temps de guerre, pour des raisons d'ordre public - en réservant toujours l'allégeance qui nous est due.

43. Si quelqu'un détenant une certaine déshérence (telle que l'honneur de Wallingford, Nottingham, Boulogne, Lancaster, ou d'autres déshérences qui

sont entre nos mains et qui sont des baronnies) meurt, son héritier ne donnera aucun autre soulagement et n'accomplira aucune autre service pour nous qu'il n'aurait rendu au baron si cette baronnie avait été entre les mains du baron ; et nous le tiendrons de la même manière dont le baron le tenait.

44. Les hommes qui habitent hors de la forêt n'ont plus besoin de se présenter désormais devant nos justiciers de la forêt sur convocation générale, à moins qu'ils ne soient en plaidoyer, ou cautions d'un ou de plusieurs, attachés à la forêt.

45. Nous ne nommerons comme juges, connétables, shérifs ou huissiers que ceux qui connaissent la loi du royaume et entendent bien l'observer.

46. Tous les barons qui ont fondé des abbayes, au sujet desquelles ils détiennent des chartes des rois d'Angleterre, ou dont ils ont longtemps continué la possession, en auront la tutelle, lorsqu'ils seront vacants, comme ils devraient en avoir.

47. Toutes les forêts qui ont été rendues telles de nos jours seront immédiatement déboursées ; et une démarche similaire sera suivie en ce qui concerne les rives des rivières que nous avons mises « en défense » à notre époque.

48. Toutes les mauvaises coutumes liées aux forêts et aux garennes, aux forestiers et aux garennes, aux shérifs et à leurs officiers, aux rives des rivières et à leurs gardiens, seront immédiatement enquêtées dans chaque comté par douze chevaliers assermentés du même comté choisis par les honnêtes gens du même comté. comté, et sera, dans les quarante jours de ladite enquête, complètement aboli, de manière à ne jamais être rétabli, à condition toujours que nous en soyons informés au préalable, ou notre justicier, si nous ne devions pas être en Angleterre.

49. Nous restituerons immédiatement tous les otages et chartes qui nous ont été livrés par les Anglais, comme garants de la paix d'un service fidèle.

50. Nous éloignerons entièrement de leurs bailliages les parents de Gérard d' Athée (de sorte qu'à l'avenir ils n'auront plus de bailliage en Angleterre) ; à savoir, Engelard de Cigogne , Pierre, Guy et André de Chanceaux , Guy de Cigogne , Geoffroy de Martigny avec ses frères, Philippe Marc avec ses frères et son neveu Geoffroy, et toute leur couvée.

51. Dès que la paix sera rétablie, nous bannirons du royaume tous les chevaliers, arbalétriers, sergents et soldats mercenaires nés à l'étranger qui sont venus avec des chevaux et des armes pour nuire au royaume.

52. Si quelqu'un a été dépossédé ou éloigné par nous, sans le jugement légal de ses pairs, de ses terres, châteaux, franchises, ou de son droit, nous les lui restituerons immédiatement ; et si un différend surgit à ce sujet, qu'il

soit tranché par les vingt-cinq barons dont il est fait mention ci-dessous dans la clause pour assurer la paix. De plus, pour toutes ces possessions dont quelqu'un a, sans le jugement légitime de ses pairs, été disséminé ou enlevé, par notre père, le roi Henri, ou par notre frère, le roi Richard, et que nous conservons entre nos mains (ou que comme possédés par d'autres, à qui nous sommes tenus de les garantir), nous aurons un répit jusqu'au terme habituel des croisés ; à l'exception des choses au sujet desquelles un plaidoyer a été soulevé, ou une enquête faite par notre ordre, avant notre prise de la croix ; mais dès que nous reviendrons de l'expédition, nous lui rendrons immédiatement pleine justice.

53. Nous aurons en outre le même répit et de la même manière pour rendre justice concernant le déboisement ou la conservation des forêts qu'Henri notre père et Richard notre frère ont boisées, et concernant la garde des terres qui sont du fief d'un autre. (à savoir, les tutelles que nous avons eues jusqu'ici en raison d'un fief que quiconque détenait de nous par service de chevalier), et concernant les abbayes fondées sur d'autres fiefs que le nôtre, sur lesquelles le seigneur des fiefs prétend avoir droit ; et lorsque nous serons de retour, ou si nous renonçons à notre expédition, nous rendrons immédiatement pleine justice à tous ceux qui se plaindront de telles choses.

54. Nul ne pourra être arrêté ou emprisonné sur appel d'une femme, pour la mort d'un autre que son mari.

55. Toutes les amendes faites chez nous injustement et contre la loi du pays, et toutes les améliorations imposées injustement et contre la loi du pays, seront entièrement remises, ou bien cela sera fait à leur sujet selon la décision des cinq et vingt barons dont mention est faite ci-dessous dans la clause d'obtention du titre de propriété , ou selon le jugement de la majorité de ceux-ci, avec le susdit Stephen, archevêque de Cantorbéry, s'il peut être présent, et tels autres qu'il peut. souhaite amener avec lui à cet effet, et s'il ne peut être présent, l'affaire se poursuivra néanmoins sans lui, à condition toujours que si l'un ou plusieurs des vingt-cinq barons susmentionnés sont dans un procès similaire, ils seront renvoyés dans la mesure du possible. en ce qui concerne ce jugement particulier, d'autres étant substitués à leurs places après avoir été choisis par le reste des mêmes vingt-cinq dans ce seul but, et après avoir prêté serment.

56. Si nous avons dépouillé ou expulsé des Gallois de terres, de libertés ou d'autres choses, sans le jugement légal de leurs pairs en Angleterre ou au Pays de Galles, ils leur seront immédiatement restitués ; et si un différend surgit à ce sujet, qu'il soit tranché dans les marches par le jugement de leurs pairs ; pour les immeubles en Angleterre selon la loi d'Angleterre, pour les immeubles au Pays de Galles selon la loi du Pays de Galles, et pour les

immeubles dans les marches selon la loi des marches. Les Gallois feront de
même avec nous et les nôtres.

57. De plus, pour toutes ces possessions dont un Gallois a, sans le
jugement légitime de ses pairs, été disséminé ou enlevé par le roi Henri notre
père, ou le roi Richard notre frère, et que nous conservons entre nos mains
(ou qui sont possédés par d'autres, et que nous devons garantir), nous aurons
du répit jusqu'au terme habituel des croisés ; à l'exception des choses au sujet
desquelles un plaidoyer a été soulevé ou une enquête faite par notre ordre
avant que nous prenions la croix ; mais dès notre retour (ou si par hasard
nous renonçons à notre expédition), nous rendrons immédiatement pleine
justice conformément aux lois galloises et en ce qui concerne les régions
susmentionnées.

58. Nous abandonnerons immédiatement le fils de Llywelyn et tous les
otages du Pays de Galles, ainsi que les chartes qui nous ont été livrées en
garantie de la paix.

59. Nous ferons envers Alexandre, roi d'Écosse, concernant le retour de
ses sœurs et de ses otages, et concernant ses franchises et ses droits, de la
même manière que nous ferons envers nos autres barons d'Angleterre, à
moins qu'il ne soit nécessaire de le faire. il en sera autrement selon les chartes
que nous tenons de Guillaume son père, ancien roi d'Écosse ; et cela sera
selon le jugement de ses pairs dans notre cour.

60. De plus, toutes ces coutumes et libertés susvisées, dont nous avons
accordé l'observance dans notre royaume en ce qui nous concerne envers
nos hommes, seront observées par tout notre royaume, aussi bien au clergé
qu'aux laïcs, en ce qui concerne à eux envers leurs hommes.

61. Depuis, en outre , pour Dieu et l'amendement de notre royaume et
pour mieux apaiser la querelle qui s'est élevée entre nous et nos barons, nous
avons accordé toutes ces concessions, désireux qu'ils en jouissent dans une
endurance complète et ferme pour toujours. , nous leur donnons et leur
accordons la garantie souscrite, à savoir que les barons choisiront vingt-cinq
barons du royaume, qui ils voudront, qui seront liés de toutes leurs forces,
pour observer et tenir et faire observer, le la paix et les libertés que nous leur
avons accordées et confirmées par la présente notre présente Charte, de sorte
que si nous, ou notre justicier, ou nos huissiers ou l'un de nos officiers,
sommes en quoi que ce soit en faute envers qui que ce soit, ou aurons brisé
quelqu'un des articles de cette paix ou de cette garantie, et que le délit soit
notifié à quatre barons des vingt-cinq susdits, lesdits quatre barons se
rendront chez nous (ou chez notre justicier, si nous sommes hors du
royaume) et, déposant la transgression devant nous, pétition pour que cette
transgression soit réparée sans délai. Et si nous n'avons pas corrigé la
transgression (ou, dans le cas où nous sommes hors du royaume, si notre

justicier ne l'a pas corrigé) dans un délai de quarante jours, à compter du moment où elle nous a été signalée (ou à notre justiciar, si nous devions être hors du royaume), les quatre barons susdits en référeront au reste des vingt-cinq barons, et ces vingt-cinq barons, avec la communauté de tout le royaume, saisiront et mettront en détresse nous de toutes les manières possibles, à savoir, en saisissant nos châteaux, nos terres, nos possessions, et de toute autre manière qu'ils peuvent, jusqu'à ce que la réparation qu'ils jugent appropriée ait été obtenue, sauvant ainsi notre propre personne et celle de notre reine et de nos enfants inoffensifs ; et lorsque réparation aura été obtenue, ils reprendront leurs anciennes relations avec nous. Et que quiconque dans le pays le désire, jure d'obéir aux ordres desdits vingt-cinq barons pour l'exécution de toutes les affaires susvisées, et avec eux, de nous molester de tout son pouvoir ; et nous accordons publiquement et librement l'autorisation à quiconque souhaite prêter serment, et nous n'interdirons jamais à personne de prêter serment.

De plus , tous ceux qui, dans le pays, ne veulent pas d'eux-mêmes et de leur propre gré jurer aux vingt-cinq de les aider à nous contraindre et à nous molester, nous les contraindrons, par notre ordre, à jurer à l' effet susmentionné. Et si l'un des vingt-cinq barons est mort ou a quitté le pays, ou est incapable de toute autre manière qui empêcherait l'exécution des dispositions susmentionnées, ceux desdits vingt-cinq barons qui restent en choisiront un autre en sa place selon leur propre jugement, et il prêtera serment de la même manière que les autres. De plus, dans toutes les affaires dont l'exécution est confiée à ces vingt-cinq barons, si par hasard ces vingt-cinq sont présents et sont en désaccord sur quelque chose, ou si quelques-uns d'entre eux, après avoir été appelés, ne veulent pas ou ne peuvent pas être présents, ce qui la majorité des personnes présentes, l'ordre ou le commandement sera considéré comme fixé et établi, exactement comme si l'ensemble des vingt-cinq y avait concouru ; et lesdits vingt-cinq jureront qu'ils observeront fidèlement tout ce qui précède et qu'ils le feront observer de toutes leurs forces. Et nous n'obtiendrons rien de qui que ce soit, directement ou indirectement, par lequel une partie quelconque de ces concessions et libertés pourrait être révoquée ou diminuée ; et si de telles choses ont été obtenues, qu'elles soient nulles et nulles, et nous ne les utiliserons jamais personnellement ou par autrui.

62. Et toute la volonté, les haines et l'amertume qui sont apparues entre nous et nos hommes, clercs et laïcs, depuis la date de la querelle, nous les avons entièrement remises et pardonnées à tous. De plus, toutes les offenses occasionnées par ladite querelle, depuis Pâques dans la seizième année de notre règne jusqu'au rétablissement de la paix, nous les avons entièrement remises à tous, tant au clergé qu'aux laïcs, et entièrement pardonnées, en ce qui nous concerne. Et à ce sujet, nous avons fait faire pour eux des lettres

patentes de témoignage du lord Stephen, archevêque de Canterbury, du lord
Henry, archevêque de Dublin, des évêques susdits, et de maître Pandulf
comme touchant cette sécurité et les concessions . précité.

63. C'est pourquoi nous ordonnerons fermement que l'Église anglaise soit
libre et que les hommes de notre royaume aient et détiennent toutes les
libertés, droits et concessions susmentionnés, bien et paisiblement, librement
et tranquillement, pleinement et entièrement, pour eux-mêmes et leurs
héritiers, de nous et de nos héritiers, à tous égards et en tous lieux pour
toujours, comme il est dit ci-dessus. Il a d'ailleurs été prêté serment, tant de
notre part que de la part des barons, que toutes ces conditions ci-dessus
seront observées de bonne foi et sans mauvaise intention. Donné sous notre
seing - les susnommés et beaucoup d'autres étant témoins - dans le pré appelé
Runnymede, entre Windsor et Staines, le quinzième jour de juin, la dix-
septième année de notre règne.